フィギュアスケート
スピン
完全レッスン

動画で 技術と魅せ方に差がつく

中野 友加里
監修

今井 遥
協力

はじめに

　私がスピンに取り組むきっかけをくれたのは、リレハンメル五輪で女子シングルの金メダルに輝いたオクサナ・バイウル選手でした。彼女の「白鳥の湖（黒鳥）」でのドーナツスピンが白鳥のように見え「私も鳥になって回りたい」と感じ、あらゆるスピンの練習をはじめたことを覚えています。

　スピンの上手な選手は必ず会場を沸かせることができます。もちろん加点ももらえますから、結果的に大会での評価につながります。何よりスピンは、練習した分だけ結果につながります。ジャンプを苦手としていた私にとっては、スピンの技術は大きな武器になりました。

　本書を手に取っていただいた方の中には、フィギュアスケートをはじめたばかりの方も、世界のトップを目指して日々厳しい練習を繰り返している方も、さまざまいらっしゃると思います。この1冊が、スピンの技術を向上させ、いつか「自分の強み」となる、その一歩になることを願っています。

監修

中野 友加里
（なかの・ゆかり）

愛知県出身。3歳でフィギュアスケートと出会い、伊藤みどり、トーニャ・ハーディングに次ぐ、世界で3人目となるトリプルアクセルに成功。スピンを得意とし「世界一のドーナツスピン」と国際的にも高い評価を受けた。2010年に競技生活を退いた後は株式会社フジテレビジョンに入社。現在は退社しスポーツコメンテーターや講演活動等を行なっている。主な実績に、2005年NHK杯優勝、2007年冬季アジア大会優勝。2005年GPファイナル3位、2006年四大陸選手権2位、2008年世界選手権4位などがある。

103 Part 4
柔軟性を高めるストレッチ

CONTENTS

フィギュアスケート スピン 完全レッスン
動画で技術と魅せ方に差がつく

COLUMN

技術モデル
今井 遥
（いまい・はるか）

東京都出身。小学3年生よりフィギュアスケートをはじめる。国際大会で活躍した選手としては競技の開始年齢が遅かったにもかかわらず、2008年全日本ジュニア選手権優勝、2011年全日本選手権4位入賞、2011年冬季アジア大会銀メダル、2015年スケートカナダオータムクラシック銀メダルなど多くの実績を残した。スピード感溢れるスケーティングと優美で可憐な演技が魅力で、2019年から『浅田真央サンクスツアー』にプロスケーターとして出演したほか、現在はコーチとして未来のスケーター育成に務めている。

技術モデル
堀見 華那
（ほりみ・はな）

愛知県出身。6歳のときにテレビで浅田真央の演技を見たことがきっかけでスケートをはじめる。小・中学生時代は愛知のクラブに所属し、愛知みずほ大学瑞穂高等学校に進学。在学時にインターハイ出場。現在は明治大学に所属し、佐藤信夫、佐藤久美子、両コーチの指導を受けながら全日本選手権出場を目指している。自分にしかできないスケートで観ている人の心に届く選手になることが目標。実績に第69回全国高等学校スケート競技選手権大会、学校団体2位・個人17位など。

QR動画の観方

本書の内容の一部は、動画にて動作を見ることができます。該当するページにあるQRコードをスマホやタブレットのカメラやバーコードリーダー機能で読み取り、動画を再生してください。

動画を
チェック!

QRコードを読み取る

1 カメラを起動
スマホやタブレットのカメラやバーコードリーダーを起動します

2 QRを読み取るモード
「読み取りカメラ」など、QRコードを読み取れるモードにします。機種によっては、自動で読み取ることもできます

3 画面にQRコードを表示
画面にQRコードを表示させ、画面内におさめます。機種によっては時間のかかるものもあります

4 表示されるURLをタップ
表示されたURLをタップするとYouTubeに移動します。動画を再生してご覧ください

Part 2 基本のスピン ▶▶▶ 両足スピン
カラダの中心に力を集め軸を取ってスムーズに回転する
練習のテーマ スピン練習のはじめの一歩。スムーズに回転しよう

しっかりと
アゴを引いて回る

1 止まったままの姿勢で両足を肩幅に開き、左→右とカラダをひねる

2 1で勢いをつけたら、左手は胸の前に残し右手を左手に引き寄せる

3 カラダの中心に力を集めるイメージで遠心力を使って回転する

20

動画を観るときの注意点

①動画を観るときは別途通信料がかかります。できるだけ、Wi-Fi環境下で視聴することをおすすめします

②機種ごとの操作方法や設定に関してのご質問には対応しかねます。各メーカーなどにお問い合わせください

教えて！ 中野先生

スピンが苦手です…
なにからはじめればいいですか？

人の真似からはじめてみると
新たな発見があるかも！

　私がスピンの練習を本格的にはじめたときは人の真似からスタートしました。「こういうスピンをやってみたいな」と感じた選手の真似をして練習する中で、新たな発見があり、それが自分のスピンにつながってきたと思います。苦手なものを練習することは大変ですが、継続すればスピンに対しての向き合い方も変わってくるのではないかと思います。また、中・上級者を目指すならオリジナルスピンも試してみてください。それが自分だけのスピン、強みになる可能性があります。基礎を徹底することは大前提ですが、ワンランク上を目指すならば、ケガをしない程度にチャレンジをしてみる価値はあると思います。

Part 1
スピン上達のポイント

スピンを練習する目的

　時間の限られた日々の練習では、どうしてもジャンプ練習の優先度が高くなってしまい、定期的にスピン練習を行なっているという人は少ないかもしれません。ですが、スピンの技術を向上させるメリットはたくさんあります。

　ジャンプは「成功したか・失敗したか」という面で評価をされますが、スピンは回転速度が速かったり、ポジションを美しく取れていれば、プラス加点を積み重ねていくことが可能です。そのため、たとえジャンプでミスをしてしまっても、スピンが得意であれば加点をもらいリカバリーすることもできるのです。また、スピンが上手な選手の演技は、プログラム全体が締まって、見栄えが格段に良くなるといえます。観客やジャッジの目もグッと惹きつけられるでしょう。

　もちろん、トップを目指す上ではジャンプもスピンもバランスよくできるのが理想です。だからこそ、演技構成においてスピンは重要な要素であるという認識を持って、決して手を抜かずにスピンの技術を高めることが、とても大切なのです。

スピンを得意にするメリット

ミスをカバーできる
チャンスが増える

スピンで
魅了できれば
見応えのある
プログラムに

練習した分だけ
評価につながる

スピンでも
会場を沸かせる
スケーターを
目指しましょう

スピンに柔軟性は必要不可欠
日々のストレッチでカラダをつくる

練習のテーマ▶ 全身の柔軟性を高めればバリエーションが増える

背中の柔軟性

スピンでは背中を後ろに反らせたり、前屈させたりすることが多い。背中を柔らかく使えるようになろう

肩まわりの柔軟性

エッジをつかんで足を持ち上げるときなどは、体幹や足周りの筋肉だけでなく、肩周りの柔らかさも必要

股関節の柔軟性

見栄えを追求するのであれば、180°開脚できるのが理想。ストレッチなどで股関節の可動域を広げよう

カラダが硬いと
演技に幅が出ない

　スピン全体を通して、やはり重要になってくるのが「カラダの柔軟性」です。男性スケーターの多くがスピンを苦手とする理由も、ここにあるのではないでしょうか。カラダが硬いと美しいポジションを取ることができませんし、スピンにも、しなやかさや優雅さが生まれず見栄えも劣ってしまいます。柔軟性を駆使しなければ高いレベルを得ることは難しいのです。柔軟性を高めることは必須の要素だと言えるでしょう。

基本となる3つのスピンは
徹底して練習する

練習のテーマ▶ アップライト、シット、キャメルは完璧に仕上げる

基本姿勢③
キャメルスピン

基本姿勢①
アップライトスピン

基本姿勢②
シットスピン

※アップライト、シット、
　キャメル以外の全ての姿
　勢は非基本姿勢とします

全てのスピンの土台となる基礎を固める

　スピンの技術を磨く上で、基礎・基本の徹底はとても大切です。アップライトスピン、シットスピン、キャメルスピンの3つは「完璧だ！」と言えるようになるぐらいまで練習を行ないましょう。これらのエレメンツは、どの級においても規定に登場します。また、あらゆるスピンの土台となるものです。つまり、これら3つの完成度が高ければ、その他のスピンの技術も向上させることが可能になります。

加速していくスピンが理想
エッジの乗り位置を意識する

練習のテーマ ▶ 加速しやすい乗り位置は個々で研究しよう

どこに乗れば
加速できるかな？

乗り位置を、ほんのわずかに変えることで
も加速できる。しかしスピンによってはバ
ランスを崩して転倒するケースも。練習を
重ねて理想の位置を見つけることが大切

乗り位置を変えて
スピードを加速させる

　スピンの練習においては、まず理
想的なポジションが取れるようにな
ることを目指します。次に、回転速
度をアップできるようになりましょ
う。ここで大切になるのがエッジの
乗り位置です。エッジの乗り位置を
変えることで、回転の途中で加速す
ることが可能になります。このとき、
できるだけ細い軸で回転することを
心がけましょう。抵抗を抑えられ回
転スピードがアップしやすくなりま
す。

バランスの取れた回転軸をキープ！
抵抗をなるべく抑える

練習のテーマ ▶ できるだけ抵抗を抑えるポジションを身につけよう

抵抗が大きい
キャメルスピンなどは抵
抗を受けやすく、途中で
失速しやすい

抵抗が少ない
軸が細くなればなるほど、
抵抗が軽減されて回転速
度が上がる

抵抗を受けやすい
スピンは
入り方とバランスが
大切

踏み込みの姿勢を意識して
回転軸を維持する

　キャメルスピンのように、カラダ
を横に倒して手足を伸ばした姿勢で
回転するスピンは、必然的に空気抵
抗を受けやすく、途中で失速しやす
いと言えます。このようなスピンは
最初の入り方が大切です。はじめに
勢いをつけたら、素早くバランスの
取れたスピンポジションに移行しま
しょう。最後まで失速せずに回り切
ることができます。軸足のエッジの
乗り位置を意識してみるのも良いで
しょう。

15

スピンに入る前の過程が
出来栄えにつながる

練習のテーマ▶ スピンに入る過程が完成度の高さにつながる

ジャッジが
＋をつけたくなる
スピンを目指そう

出来栄えにつながる
踏み込み方と
蹴る力加減

ポジションの正確さだけ
でなく、スピンに入る前
の踏み込みや氷面を蹴る
力加減も大切なポイント

加点につながる
フライング姿勢

フライング姿勢はジャッ
ジもよく見るポイント！
空中姿勢、着氷姿勢が良
いか確認しよう

スピンへの入り方も
出来に影響する

　理想的なスピンを完成させるには、
スピンに入るまでの過程もおざなり
にはできません。回転中のポジショ
ンの美しさや、スピードの維持・加速
のためにも、スピンに入る前の流れ
を大切にしましょう。また、フライ
ングから入るスピンでは、そのフライ
ング姿勢も、しっかり見られています。
高く跳ぶことができればジャッジや
観客の目を惹くことができるでしょ
う。スピンの形だけでなく入り方も
意識して練習を行うことが重要です。

スピンに力みは禁物
ガチガチでは回転できない

練習のテーマ▶ リラックスしてしっかりスピンをコントロールする

頭の位置や
指先の位置まで意識する

個々で美しく見える形は違う！

肩の力を抜いてしなやかに回ると美しい

　カラダへガチガチに力が入っていると、うまく回転することができないだけでなく、見栄えもよくありません。スピンに限らずジャンプやステップにおいても共通するポイントですが、全身の余計な力みは必ず排除しましょう。また、見た目の美しさは頭の位置や指先の位置を少し変えるだけでもガラリと良くなります。動画などを活用して、どの姿勢が美しく見えるのかを研究してみましょう。

教えて！ 中野先生

Question

得意を伸ばすべき？
それとも苦手をつぶすべき？

Answer

得意を伸ばす方が
プラスにつながると思います

　スピンの場合は得意を伸ばす方がメリットも多いと思います。スピンは基本的に22ページから紹介している3つのスピン（アップライトスピン、シットスピン、キャメルスピン）から成り立っています。ある程度プログラムに組み込まなければならない要素が完成したら、自分がやりやすいもの、自信があるものを選び、それらのスピンを伸ばしていく方がプラスにつながるでしょう。苦手なスピンを得意にするためには、たくさんの時間を費やさなければいけません。それよりも得意なスピンやバリエーションを増やしていく方が効率も良いといえます。ただし3つのスピンは美しいポジションを必ず身につけておきましょう。

Part 2
基本のスピン

カラダの中心に力を集め
軸を取ってスムーズに回転する

練習のテーマ ▶ スピン練習のはじめの一歩。スムーズに回転しよう

しっかりと
アゴを引いて回る

1 止まったままの姿勢で両足を肩幅に開き、左→右とカラダをひねる

2 1で勢いをつけたら、左手は胸の前に残し右手を左手に引き寄せる

3 カラダの中心に力を集めるイメージで遠心力を使って回転する

フラフラせずに背筋を伸ばして回る

　両足スピンは、バランスよく軸を取り、真ん中に力を集める意識でスムーズに回転するのがコツです。カラダがフラフラしていると目が回ってしまうので、背筋をまっすぐ上に伸ばして、一点を見つめながら回転することを心がけましょう。まだ片足でうまく軸が取れないという人は、両足で止まったままの姿勢で左→右と勢いをつけてから右手を胸の前に引き寄せ、上に伸び上がるイメージで回転しはじめましょう。

グラグラしないで
回れる位置を
探そう

4 背筋をしっかりと伸ばして回る。お尻が出ないように注意

5 速く回ることよりも軸を取ることを優先し、グラつかない位置で回る

ヒザを曲げて
タメをつくってから立ち上がる

練習のテーマ ▶ スピンに入るまでの姿勢とタイミングに注目！

半分ほど
円を描いてから
立ち上がる

前傾
しすぎないように
注意

1 カラダから余計な力を排除してスピンに入る準備

2 失速しないようにセミサークルを描きながらスピンに入る

3 遠心力を逃さないように意識しながらヒザを曲げて踏み込む

立ち上がるタイミングによって失速しやすい

　別名スタンドスピンとも呼ばれバッチテストの1級で登場する基本のエレメンツです。左足を軸にして、一本の鉛筆のような形で回りましょう。とくに意識したいのは、アップライトの姿勢を取るまでの流れです。

ここで焦って姿勢を取ろうとするとバランスを崩してしまいます。ヒザを曲げて踏み込んだあとに、ほんの一瞬待ってから一気にまっすぐ伸びると美しい姿勢を取ることができます。

急いで
立ち上がると
バランスを
崩しやすい

4 ヒザを伸ばして立ち上がり、同時に右足を横に持ってくる

5 素早くカラダの中心に自分の手と足を集めて回転する

6 カラダを前後させず背中を伸ばして細く回転する

7 自分の中で回転軸をうまく取れる位置を見つけよう

グッと良くなる！

アップライトスピン 上達のポイント

コレだけは
おさえましょう♪

POINT ❶ 　前傾しすぎると軸がブレやすい！

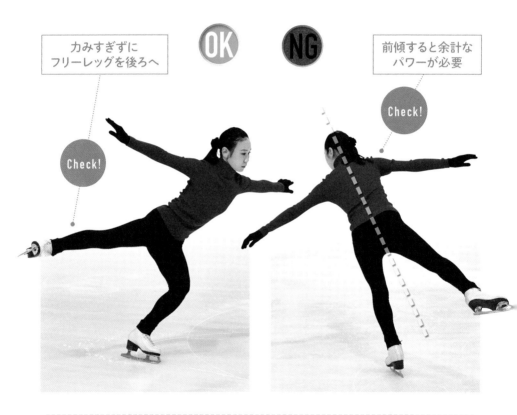

力みすぎずに
フリーレッグを後ろへ

OK

NG

前傾すると余計な
パワーが必要

Check!

Check!

中野友加里's
アドバイス

踏み込むときにカラダが前傾すると、軸がブレやすく失速の原因になりがちです。起き上がるタイミングでフリーレッグ（右足）を横に持ってくることを心がけましょう

中野友加里's アドバイス

22ページでは、姿勢を取る前に
タメをつくることの大切さを解説
しましたが、反対に待ちすぎるの
もダメ。エッジがグラグラと流れ
てトラベリングが起こります

立ち上がる
ベストタイミングを
見つけましょう

POINT ❸ 鉛筆のように細く回転しよう

Check! ········· 背筋をまっすぐ伸ばして回転

Check! ········· お尻が出ないように注意

OK **NG**

中野友加里's アドバイス

カラダ全体が一本の鉛筆になった
ようなイメージで背筋を伸ばして
回転しましょう。初心者の方は腰
が引けてしまい、お尻の出た姿勢
になりやすいので注意！

腰の位置を低くして
シットポジションを正確に取る

腹筋と脚力を
とても必要とする
スピン

足首を柔らかく使って
深く座る

　シットスピンでは「しっかり座る」ことが何より大切です。スケーティングレッグ（左足）の太ももが氷面と平行になっているかを確認しましょう。お尻の位置が高いとシットポジションを取ってもらえずに、大幅な減点になってしまうこともあります。また、深く座ろうとして後ろ体重になりすぎると転倒してしまうので注意しましょう。うまく姿勢が取れない人は、腹筋と足首の柔軟性を高めると良いでしょう。

1 2 3

ヒザよりも
お尻の位置を低く

Check!

4 5 6

中野友加里's
アドバイス

より美しく見せるためには、フリー
レッグ（右足）のつま先を横に倒し、
外側に向けて回転します。つま先が
上を向いている人が多いので確認し
てみましょう

NG

27

頭が上がりすぎたり
足が下がらないように注意

練習のテーマ ▶ 右ヒザがお尻より高い位置にあるか確認しよう

上半身を
前傾させながら
スピンに入る

1 十分に加速して流れを止めずにスピンに入る準備

2 失速しないように注意しながらセミサークルを描きはじめる

3 焦らずに左足のヒザを軽く曲げる。うずまきをエッジで描くイメージ

しっかり軸を取って理想的な形をつくる

キャメルスピンは手足を広げたポジションで回転するので、途中で加速するのが難しく、かつ、バランスを取りづらいスピンです。そのためスピンに入るまでのプレパレーション（準備）でスピンの出来が決ま

ります。踏み込んだら、その勢いを活かして一気にキャメル姿勢を取りましょう。このとき、ヒザがお尻よりも下がってしまうことがあります。ヒザの位置がお尻よりも高くなるように、しっかりと上げましょう。

ヒザの位置が
お尻よりも
下がらないように

頭から
足先までが
一直線に
なるように

4 左足でしっかり軸を取ってヒザを伸ばし、勢いよくキャメル姿勢に

5 右ヒザがお尻よりも高い位置に来るように足を上げる

6 軸足がブレないように。上半身も起き上がらないように意識

グッと良くなる！
キャメルスピン
上達のポイント

コレだけは
おさえましょう♪

POINT ❶　　　　　初心者は足の位置が下がりやすい

OK

腰と足の
位置に注目

Check!

上半身も
氷面と平行にする

Check!

NG

中野友加里's
アドバイス

最終的にヒザの位置はお尻よりも高くしましょう。また、上半身が上がりすぎてはダメ。できるだけ氷面と平行を意識します。右足のフリーレッグが下を向かないようにも注意

1

踏み込んだときに一拍おく

Check!

2

一気にキャメルの姿勢へ

Check!

3

回転速度を
維持できる入り方を
身につけよう

中野友加里's
アドバイス

途中で加速するのが難しいので、入った瞬間
から速く回転しましょう。スピードを維持で
きればポイントアップにつながります。回り
はじめたら良い位置で乗れるように意識！

教えて！ 中野先生

Question

美しさを追求するには何をすればいいですか？

Answer

動画などを駆使してよりよい姿勢を探しましょう

　美しさや見栄えの部分は、自分のスピンを客観的に見返すことが大切です。練習中の様子を撮影してもらい、動画を見ながら、どの姿勢が良く見えるか、どこが劣っているのかを研究してみましょう。スピンの見栄えは、頭の位置を変えたり指先の使い方を変えてみたりと、ほんの些細なポイントを意識するだけでグッと良くなることがあります。全体の美しさだけでなくヒザの曲がり具合や、つま先の向きなど、細かい部分にまで気を遣いましょう。また手の位置や顔の向きに、正解・不正解はありません。これは個々の体つきによっても見え方が変わるからです。人それぞれで美しく見える姿勢を探すことが大切です。

Part 3
スピンのバリエーション

アップライトスピン
からのバリエーション

上達のポイント

スピン技術の中で一番の基礎となるのが、アップライトスピンです。3つの基本姿勢のスタート地点とも呼べるスピンなだけあり、練習も取り組みやすく、バリエーションが多いのも特徴です。ビールマンやI字スピンなどは柔軟性が必要ですが、その柔らかさを駆使すれば、あらゆるバリエーションにつなげることができます。基礎を徹底的に身につけたら、さまざまなスピンバリエーションに挑戦し、自分の得意を伸ばして欲しいと思います。

レベルを獲得するには？

難しいスピンの種類は、以下のポジションで判断します。
- アップライト・フォワード
- アップライト・ストレート
  またはサイドウェイズ
- アップライト・ビールマン
  （胴の位置で判断）
- アップライト・レイバック

以上が正式名称となります。
上記のいずれかのポジションごとに
レベルが上がるのかを判断されます。

アップライトスピンから派生した種類とバリエーション

バックスクラッチ
ページ ▶▶▶ P36
難易度 ★

高速スピン
ページ ▶▶▶ P39
難易度 ★★

レイバックスピン
ページ ▶▶▶ P40
難易度 ★★

ヘアカッタースピン
ページ ▶▶▶ P44
難易度 ★★

ビールマンスピン
ページ ▶▶▶ P48
難易度 ★★★

I字スピン
ページ ▶▶▶ P52
難易度 ★★★

Y字スピン
ページ ▶▶▶ P54
難易度 ★★

トンプソンスピン
ページ ▶▶▶ P56
難易度 ★★

A字（フォワード）スピン
ページ ▶▶▶ P58
難易度 ★★★

素早く軸を取って
なるべく細く回転する

練習のテーマ ▶ 効率よく加速するためのポイントをチェック！

遠心力で
生まれた力を
逃さずスピンへ

1 アップライトスピンとは軸足が変わるので、左手を少し前にしながら入る

2 右足軸でバランスを取り遠心力を活かして素早く軸を取る

3 軸が取れたら、左足は軸足となる右足の前へクロスさせる

パワーを自分の中心に集めて加速する

バックスクラッチは反対の軸足で回ります。コンビネーションで取り入れられることが多いですが、単体の場合は右足インサイドから半周ほどサークルを描いてから立ち上がって軸を取ります。遠心力で得た力を逃さずに素早く自分の中心に集め、なるべく細い一本の線をイメージしたポジションを取りましょう。このとき、前傾してお尻が出たり、後ろのめりな姿勢にならないこともスピードを維持するコツです。

素早く
ポジションに移ると
失速しづらい

背筋は
まっすぐに。
前傾してお尻が
出ないように

4 両手を胸の前に引きつけて、力を自分の中心に集める

5 左足の位置を下げて、細い一本の線をイメージしながらポジションを取る

6 両足をなるべく近づけることで、より細く速く回転できる

7 エッジの乗り位置によって加速することも可能

グッと良くなる！

バックスクラッチ上達のポイント

コレだけは
おさえましょう♪

POINT ①　　お尻が出ると見栄えが良くない

しっかりとアゴを引き
前傾しない

OK

NG

顔が上がったり
お尻が出てはダメ

Check!

Check!

中野友加里's
アドバイス

頭から足までが一本の細い線に見えるような
姿勢を取れるようになりましょう。お尻が出
ると抵抗を受けてしまい、失速の原因になっ
てしまいます

左足でしっかりと蹴る

蹴って加速する

Check!

左手を斜め前に置く

Check!

Check!

左足を引きずらない

中野友加里's
アドバイス

左足軸と右足軸のスピンでは踏み込み姿勢が
大きく異なります。左足で蹴るときは、あま
り後ろ体重にならないように心がけ効率良く
加速しましょう

高速スピンにも挑戦してみよう

Check!

アゴを引いて
両手をまっすぐ上に伸ばす

中野友加里's
アドバイス

加速のコツは手を真上に細く伸ば
すこと。また、エッジの乗り位置
によっても速度が変わるので、途
中で体重を移動させてみたり自分
に合った位置を研究しましょう

お腹と骨盤を前に出して
弓なりに反って回る

練習のテーマ ▶ 背中から後ろに倒せているかを見直そう

踏み込み方は
アップライトスピン
と同様

1 アップライトスピンと同様にセミサークルを描いてスピンへ

2 左足の軸がブレないように注意しながら、反る準備

両肩を後ろに傾けて背中を弓なりに

レイバックスピンは、とくに女性スケーターは必ずマスターしたいもの。どのレベルにおいても課題として登場するエレメンツです。頭だけを後ろに倒すのではなく、頭と両肩を後ろに傾かせ背中から弓なりに後ろに反らせることで、見栄えが良くなります。軸足のヒザをやや曲げてお腹と骨盤を前に出すと、バランスが取りやすいでしょう。また、背中の柔軟性も問われるので、日々のストレッチを心がけましょう。

カカトに腰を
乗せるイメージで
バランスを取る

右足の
フリーレッグの
位置は自由

3 スピードを維持したまま回転を続けてカラダを後ろに倒す

4 左足のヒザを少しだけ曲げて骨盤をやや前に出してカラダを反る

5 頭（首）だけが垂れた姿勢にならないように注意する

グッと良くなる！

レイバックスピン 上達のポイント

コレだけは
おさえましょう♪

弓なりに上半身を倒そう

背中から
後ろに倒す

Check!

OK

頭だけ倒してもダメ

Check!

NG

中野友加里's
アドバイス

軸足の左ヒザを少し曲げて、お腹と骨盤をや
や前に出して後ろに反らせましょう。私は、
腰をカカトに乗せるイメージで姿勢を取って
いました

バランスを崩さないように ····· **Check!**

失速せずに
コントロールして回る

Check!

1 2 3

4 5 6

Check!

両足でスピンに
入らないように注意

中野友加里's
アドバイス

ウィンドミルのあとにスピンがコントロール
を失ってしまうとレベルアップにはならない
ので注意。カラダを一度前に倒すため、再度
起き上がる体力も必要です

左足の軸と背中の位置を変えず
右足のエッジをつかむ

練習のテーマ▶ 髪の毛が切れるような位置まで足を近づけよう

レイバック
スピンの
流れから
ポジションを
変える

1 レイバックスピン
（40ページで解説）
の姿勢を取る

2 遠心力の力に負けず
しっかりとスピード
をキープ

遠心力を活かしてスムーズに足を近づける

　自分の髪の毛をエッジで切ってしまうぐらいの位置にまで足を持ち上げるのが、ヘアカッタースピンです。レイバックスピンからのバリエーションなので、遠心力を上手に利用して、素早く足を頭に近づけます。

　左足の軸と背中の位置をほぼ変えずに、なるべくスムーズに姿勢を取りましょう。小さくまとめると力が中心に集まり、レイバックからヘアカッタースピンで加速することも可能です。

足を頭に
引きつけるときは
失速に注意

左手は
音楽に合わせて
優雅に魅せる

3 左足の軸と背中の位置を変えずに右足のエッジを左手でつかむ（持つ位置は自由）

4 右足にはなるべく力を入れずに右手で素早く頭に引きつける

5 髪の毛が切れるぐらいエッジを近づけるのが理想的

グッと良くなる！

ヘアカッタースピン
上達のポイント

コレだけは
おさえましょう♪

POINT 1 左足の軸と背中はキープし続ける

カラダの反りを
キープする

Check!

OK

NG

左足の軸が
ブレないように

Check!

中野友加里's
アドバイス

左足の軸は動かさずに回転を続けます。遠心
力に負けてしまうと失敗しやすいので、右手
でエッジをつかんだら、素早く頭まで引き上
げましょう

POINT ❷ 右手の力で足を引き寄せる

中野友加里's
アドバイス

エッジを掴んだら右手の力だけで
足を引きつけましょう。右足に余
計な力が入っていると持ち上げら
れないので注意しましょう

足に力が入ると
持ち上がりづらく
なってしまう

POINT ❸ カラダを起こさず引き寄せる

Check!
上半身が一度
起き上がっている

Check!
エッジと頭の位置が
遠くなり、引き上げるのに
時間がかかる

中野友加里's
アドバイス

足を引っ張るときに、レイバック
姿勢からカラダが起き上がらない
ように注意しましょう。見栄えが
良くないだけでなく、失速する要
因になりかねません

頭を起こさずに反ったまま
両手で右足を引き上げると良い

練習のテーマ ➡ 観客を魅了する「雫の形」をつくれるようになろう

背中は
レイバック姿勢を
キープしよう

1 レイバックスピン（40ページ）のポジションで回転する

2 右手で右足のエッジをつかんでヘアカッターの姿勢に（44ページ）

3 右手でエッジを頭に引き寄せ、左手を頭の上からまわす

背中の柔軟性を高めることで見栄えも良くなる

浅田真央さんが得意としていたビールマンスピンでは、ヘアカッター姿勢からカラダを起こしすぎずに両手で足を持ち上げることがコツです。カラダが起き上がるとバランスを崩してしまったり失速してしまいます。ビールマン姿勢は非常に柔軟性が問われますが、多くのスケーターが演技に取り入れているスピンです。プログラムに取り入れると盛り上がりにもつながるので積極的に練習して欲しいと思います。

カラダを
起こしすぎると
失速の原因に

カラダの柔軟性を
高めることも大切

4 右足を持ち上げる
と同時に上半身を
起こす

5 両手で右足を頭の
上まで引っ張り上
げる

6 写真のように雫の形
がつくれるように足
を頭の上でキープ

グッと良くなる！

ビールマンスピン
上達のポイント

コレだけは
おさえましょう♪

「雫の形」を目指そう

Check!

頭の上に
スケート靴を持ってくる

中野友加里's
アドバイス

背中の柔軟性が低いと、雫の形を
つくることができません。また、
股関節の柔らかさも問われます。
日々のストレッチを欠かさないよ
うにしましょう

背中の
柔軟性が大事

中野友加里's
アドバイス

演技中にビールマン姿勢に移行するとき、もし左足の軸でバランスを崩してしまったら、ビールマンをやめてヘアカッターの姿勢を維持することもポイント

そのままの
姿勢をキープ！

POINT ❸　カラダを起こさず持ち上げる

NG

Check!

カラダが一度
起き上がっている

1　2

Check!

失速しやすい

中野友加里's
アドバイス

左手でもエッジをつかんだら、上半身を極力起こさないように両手で頭の上まで持ち上げます。バランスを崩すと回転速度を上げられません

51

できるだけ左足を
カラダに近づけて回転する

練習のテーマ ▶ 乗り位置をしっかり維持できるようになろう

股関節の
柔軟性が
必要なスピン

前後開脚
ストレッチで
柔軟性を高めよう

足を頭に近づけるほど
回転スピードがアップ

　アルファベットIの字になるように足を持ち上げて回転します。シット姿勢からI字に移行する選手が多くいますが、このとき乗り位置をしっかり定めて、I字に移行する途中で、その位置が変わらないように心がけると軸が取りやすくなります。足の裏で氷を押さえるイメージを持つのも良いでしょう。ロシアのリプニツカヤ選手のように、できるだけ足を頭に近づけて回転軸を細くするほど、加速しやすくなります。

Check!

バランスを崩さずに
足を引きつける

Check!

足を持つ位置は
自分が持ちやすい
場所でOK

中野友加里's
アドバイス

バランス良く回転するためには、エッジの乗り位置がとても大切です。先端のトウよりも少しだけ後ろに乗ることでスピードを維持したまま回転できます

右足の軸がブレないように
意識しながら足を持ち上げる

練習のテーマ ▶ 柔軟性が超重要！股関節を柔らかく使おう

見栄えの美しさが
加点につながる ▶

バランスを崩さないためには
右足の軸を意識

　シット姿勢から左足を持ち上げて「Yの字」をつくります。I字と同様に股関節の柔軟性が必要ですが、レベル獲得につながるので、柔軟性に自信のある男性スケーターも取り組んで欲しいと思います。また、右足の軸、乗り位置、エッジの持ち場所によっても見栄えは変わります。エッジの持ち位置は自由なので、カカトを持ってみたり、自分のやりやすいベストなポジションを探してみましょう。

Check!

「Y」字になるように
足を持ち上げる

中野友加里's
アドバイス

私は右足の軸をやや右側にズラすこ
とを意識していました。左足を頭に
近づけるほど加速が可能です。ダイ
ナミックに見せるスピンを目指しま
しょう

股関節を柔らかく使って足を後方にまわして回る

練習のテーマ ▶ 回転速度を上げる形を取れるようになろう

はじめは手を
クロスした状態で
回ることから
スタート

足が後ろへまわらないと上手く回転できない

　アップライト姿勢から左足を後ろにまわして回ります。股関節の柔らかさと内ももの筋力を使えないと、しっかりと足が後ろへまわらず回転できません。また、失速の原因になりがちです。トンプソンスピンはスピンに取り入れる場所が限定されるため「レア」なエレメンツだともいえます。スピンを自分の得意にしたい人や、スピンでの加点を狙う人は、ぜひチャレンジして欲しいと思います。

しっかりと内ももに力を入れる

Check!

1 2 3

十分に後ろにまわせないと失速してしまう

Check!

左足で弧を
描くイメージで

Check!

4 5 6

中野友加里's
アドバイス

音楽に合わせて手の動きをアレンジ
することで、見栄えが格段に良くな
ります。上手くできないときは、陸
上でこの姿勢を取ってみることから
はじめましょう

「A」の字になるように
カラダをしっかり前屈させる

練習のテーマ ▶ バランスを崩さない左足の乗り位置を確認しよう

軸足が
ズレないように
腹筋に力を入れて
支える

前屈の柔軟性を活かした
バリエーション

A字（フォワード）スピンはコンビネーションスピンに組み込まれることが多いエレメンツです。全体がアルファベットの「A」の形に見えるようにカラダを前屈させます。このとき前に倒れこまないようにしっかりと腹筋で支えましょう。また、頭を下に丸めるというよりも、斜め右下に伸ばすイメージを持つとバランスが取りやすくなります。足を開くと重心が外側にズレてしまいがちなので注意が必要です。

BACK

シット姿勢からエッジとふくらはぎをつかむ

Check!

1 2 3

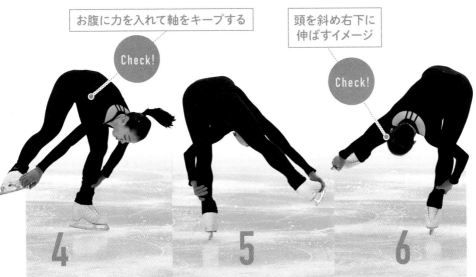

お腹に力を入れて軸をキープする

Check!

頭を斜め右下に
伸ばすイメージ

Check!

4 5 6

中野友加里's
アドバイス

NG

前屈が浅いと美しく魅せることがで
きません。しっかりとカラダを前に
倒して頭と足をくっつけましょう。
柔軟性を高めることも忘れずに

シットスピン
からのバリエーション

上達のポイント

　シットスピンから派生するバリエーションは、当然ながらシットスピンの技術がベースになります。どちらの足が軸となる場合でも、できるだけ腰を低くして理想的な姿勢で回れるようになりましょう。低く座って回転するためには、足首、腰、股関節、太ももの柔軟性が必要不可欠です。慣れるまではシットポジションを取る、起き上がる、という動作を陸上で繰り返し行ない、筋肉やカラダの使い方をつかむことからはじめると良いでしょう。

レベルを獲得するには？

難しいスピンの種類は、以下のポジションで判断します。
- シット・フォワード
- シット・サイドウェイズ
- シット・ビハインド
　（フリーレッグの位置で判断）

以上が正式名称となります。
上記のいずれかのポジションごとに
レベルが上がるのかを判断されます。

シットスピンから派生した種類とバリエーション

足換えシットスピン
ページ ▶ ▶ ▶ P62
難易度★

フライングシットスピン
ページ ▶ ▶ ▶ P66
難易度★★★

キャノンボールスピン
ページ ▶ ▶ ▶ P70
難易度★★

シットスピンのサイドウェイズ
ページ ▶ ▶ ▶ P72
難易度★★

パンケーキスピン
ページ ▶ ▶ ▶ P74
難易度★★★

61

足を換えるときは
できるだけ姿勢を変えない

練習のテーマ▶ バランスを崩すと立て直しづらいので注意しよう

右手を
後方に伸ばして
反対足に換える
準備

1 基本のシットスピン
（26ページ）の姿勢
で回転する

2 できるだけ腰の位置
は変えずに低い姿勢
をキープ

3 右足を氷面につい
て軸足を反対の足
に換える

スピンのバランスを足換え前後で維持する

基本のシットスピンを行なってから、軸足を右側に換えてシットスピンを続けます。足を換えるときに、失速することなく、かつ、効率よく加速することによって、足換え後のスピンの出来栄えが良くなります。

左足で回転していたときの姿勢をできるだけ崩さずに左足で氷面を蹴り、スムーズに足を換えることがポイントです。両足ともにバランスよく回転できるようになりましょう。

失速しない
ために足換えで
腰の高さを
上げすぎない

右足軸の
スピンでも
お尻の位置が高く
ならないように

4 低い姿勢のまま左足を力強く蹴って加速する

5 すぐさま右足軸のシットスピンの姿勢を取る

6 左足軸、右足軸どちらもバランスの良い回転数を目指す

グッと良くなる！
足換えシットスピン
上達のポイント

コレだけは
おさえましょう♪

POINT **1**　足換え後の右足のシットでお尻を上げない

OK

シットの姿勢が取れていない

しっかりお尻を下ろす

Check!

Check!

NG

中野友加里's
アドバイス

26ページで解説したシットスピンと同様に、しっかり座ることが大切。足換え後の右足を軸に回るスピンでお尻の位置が高くなりやすいので注意しましょう

左足でしっかりと蹴る

1

2

右足をややアウトサイドに倒し
左足だけで氷面を蹴る

Check!

中野友加里's アドバイス	足を換えるときに左足でしっかりと氷面を蹴ることで、減速せずに移行できます。蹴る力加減が弱いと失速や回転不足になりやすいので注意しましょう

足換え時に立ち上がりすぎない

NG

Check! カラダが起き上がっている

1

2

3

Check! シットの姿勢を崩してはダメ

中野友加里's アドバイス	足換え時にお尻を下げようとして後ろに倒れすぎると、移行したときに回転速度を維持できず余計な力が必要です。腹筋と太ももの筋力を上手く活用しましょう

できるだけ高く跳んで
左足をカラダにくっつける

練習のテーマ ▶ 理想的なフライング姿勢を取れるようになろう

遠心力で得た力を
逃さずに利用する

1 十分に加速してから
セミサークルを描い
てスピンに入る

2 早く跳びすぎると高く
跳べないので一拍待っ
てから跳び上がる

3 ジャンプとは異なり、
その場で垂直に跳び
上がる

フライングシットスピンは、シット姿勢を取る前にジャンプをする（フライング姿勢を取る）スピンです。このフライング姿勢は16ページでも解説したようにジャッジもよく見ている部分なので、理想的な形を身につけられるようにしましょう。ポイントは、できるだけ高く垂直に跳び上がってヒザをカラダにしっかりと引きつけることです。踏み込んでから一瞬待つと、高く跳び上がることが可能です。

ヒザの
曲がり具合が
ゆるいと減点対象
になることも

フライング後の
シットスピンで
速く回れると、
なお良い

4 左ヒザをしっかりと曲げて左足をカラダにくっつけるイメージ

5 片足（左足）で着氷。バランスを崩さないように左足の軸を意識する

6 すぐさまシットスピンの姿勢に移行して回転を続ける

7 着氷後もお尻をしっかりと下げてシットポジションを取る

グッと良くなる！

フライングシットスピン
上達のポイント

コレだけは
おさえましょう♪

POINT ❶　　踏み込みが早すぎると高く跳べない

一拍待って
タメをつくる

Check!

Check!

トウをついて
垂直に跳び上がる

中野友加里's
アドバイス

入った位置と同じ場所で跳び上がることでト
ラベリングを回避できます。早く跳びすぎる
と足を引きつけるタイミングがズレて高さが
出ず、理想的なタック姿勢が取れません

1 2 3 4

Check!

**上半身は
起こしすぎない**

Check!

**このあとのシット姿勢で
軸足のバランスを崩さないように**

ヒザの曲がり具合が
浅いと減点対象に
なってしまいます

中野友加里's アドバイス

はじめは高く跳び上がれるように
なることからはじめて、高さが出
せるようになったら、左足をカラ
ダに引きつける練習をしてみまし
ょう

NG

お尻の位置を上げずに頭を右足にくっつける

練習のテーマ ▶ カラダをコンパクトに「大砲」のような形をつくる

頭と足をできるだけ近づけよう

柔軟性を活かして頭を足に近づける

SIDE

　シットスピンから、頭と右足をくっつけて「大砲」のような形をつくります。頭を足に近づけるときは、右足のつま先を外側に倒して両手で右足首あたりを持つと良いでしょう。やや右足を持ち上げると理想的なポジションを取りやすくなりますが、持ち上げすぎると後方に転倒してしまうので注意が必要です。また、バランスを取ろうとしてお尻が上がってしまう人も多いので、シット姿勢を維持しましょう。

つま先を外側に倒す

Check!

1

2

持ちやすい場所を見つける

Check!

Check!

右足を少し
持ち上げるとやりやすい

3

4

5

中野友加里's
アドバイス

シットスピンのバリエーションなの
で、あくまでもシットスピンだとい
うことを忘れないように！ 右足と
氷面がほぼ平行になる姿勢が理想で
す

失速に注意しながら
カラダを横にひねる

練習のテーマ▶ バランス良く美しく見える姿勢であるかを大切に！

美しく見える
姿勢や指先の
位置を研究
してみよう

無理矢理ひねるのではなく
バランスを重視する

FRONT

　シットスピンの姿勢から上半身を左側にひねって回転しましょう。サイドウェイズ姿勢のスピンでは、美しく見える姿勢を取れているかが、もっとも問われます。また、ひねりを加えると、どうしても回転速度を上げることが難しくなるので、レベルを取るために無理にひねるのではなく、回転速度が維持でき、見栄えの良いひねり具合はどのぐらいなのか、個々でさまざま試してみることが大切です。

右足軸

Check!

左手を広げて
カラダをひねりはじめる

右足エッジを
ややアウトサイドに倒して
乗り位置を前に移動

1 2 Check! 3

左足軸

Check! 腰の高さを変えずに左側にひねる

1 2 3

右足を氷につけずに回る Check!

中野友加里's
アドバイス

NG

カラダをひねると重心が変わるので、お尻の位置が上がってしまいがちです。シットスピンのもっとも大切なポイント「深く座る」を思い出して！

ヒザをしっかりと曲げて できるだけ頭を氷面に近づける

練習のテーマ▶ 足の位置を変えるときに腰の位置をキープしよう

足裏で
氷を押さえて
位置を
変えない

足の位置を変えたら 素早くシット姿勢に戻る

パンケーキスピンは、足を前に抱えた姿勢を取る羽生結弦選手の演技で目にしたことがある人も多いと思います。ヒザをしっかりと曲げ、氷面に頭をくっつけるイメージで倒しましょう。エッジの乗り位置から真上に軸をつくる意識を持つと軸が取りやすくなります。どうしても一瞬カラダが起き上がりますが、できるだけ腰の位置を変えずに右足の位置を移行し、素早く低い位置に戻るのが理想です。

BACK

1 **2** **3**

素早く足の位置を変える ······ **Check!**

音楽に合わせて
手の位置を変えてもOK

Check!

4 **5** **6**

Check!

足の位置は前でも後ろでもOK

中野友加里's
アドバイス

右ヒザの位置は前・後ろ、好きな方
で構いません。カラダの中心に全て
を集める意識を持って素早く移行す
ると、その瞬間に回転スピードがア
ップします

キャメルスピン
からのバリエーション

キャメルスピンは速く回ることが難しいので、とくにプレパレーションを大事にしましょう。急いでキャメルポジションに移行しようとするとバランスを崩しがちです。他の多くのスピンと同様に、一拍待ってから足首とヒザのクッションを使って勢いよく姿勢を取ることがポイントです。また、キャメル姿勢から派生するバリエーションの多くは、柔軟性だけでなく腹筋や背筋の筋力が必要になります。トレーニングも並行して行ないましょう。

レベルを獲得するには？

難しいスピンの種類は、以下のポジションで判断します。
- ●キャメル・フォワード
- ●キャメル・サイドウェイズ
- ●キャメル・アップワード
  （肩のラインの方向で判断）

以上が正式名称となります。
上記のいずれかのポジションごとに
レベルが上がるのかを判断されます。

キャメルスピンから派生した種類とバリエーション

足換えキャメルスピン
ページ ▶ ▶ ▶ P78
難易度★

フライングキャメルスピン
ページ ▶ ▶ ▶ P82
難易度★★

キャッチフットスピン
ページ ▶ ▶ ▶ P88
難易度★★

**キャメルスピンの
サイドウェイズ**
ページ ▶ ▶ ▶ P90
難易度★★★

ドーナツスピン
ページ ▶ ▶ ▶ P92
難易度★★★

**アウトサイド
キャメルスピン**
ページ ▶ ▶ ▶ P86
難易度★★★

**インサイド
キャメルスピン**
ページ ▶ ▶ ▶ P86
難易度★★★

途中で加速が難しいからこそ 理想的な入り方を徹底する

練習のテーマ▶ 両足ともバランス良く回転できるようになろう

左足軸の
スピンで
できるだけ
回転スピードを
維持

1 基本のキャメルスピン（28ページ）の姿勢で回転する

2 失速に注意しながら、カラダをできるだけ起こさず足換えの準備

3 遠心力を活かすために左手を前に出してひねる。左足で蹴る準備

4 右足を氷面につき、なるべく低い姿勢を維持したまま左足で思い切り蹴る

　足換えキャメルスピンのポイントは、足を換えるときにバランスを崩すことなく、左足で思い切り氷面を蹴ってから反対の軸足によるスピンにつなげることです。キャメルスピンは他のスピンよりも抵抗を受けやすく回転速度を維持しづらいという特徴があります。左足でのスピンと右足でのスピンで回転数に差が出ないように、しっかりとコントロールできるようになることを目指しましょう。

しっかりと
蹴り出して
勢いをつける

頭から
足先までが
同じ高さになる
姿勢が理想的

5 蹴る力が弱いと足換え後のスピンで軸が取れず失速しやすい

6 勢いを途切れさせることなくすぐさまキャメル姿勢に移る

7 右足軸の姿勢であっても足の位置が下がらないように

グッと良くなる！

足換えキャメルスピン
上達のポイント

コレだけは
おさえましょう♪

POINT 1　加速が難しいから最初が超重要

スピードを維持する

両足ともに回転数を
バランス良く

Check!

Check!

1

2

中野友加里's
アドバイス

キャメルスピンは途中で加速が難しいスピン
です。左足軸のキャメルスピンの速度が落ち
たりバランスを崩したりすると、右足のキャ
メルに上手くつなげられません

蹴るときは左手を前に出す　　　　　　なるべく低い姿勢を維持

Check!　　　　　　　　　Check!

1　　　　　**2**　　　　　**3**

NG

足換え後でも同様に
頭が上がったり
足の位置が
下がらないように！

中野友加里's
アドバイス

足を換えるときにカラダが起き上がりやすい
ので注意しましょう。一連の流れを途切れさ
せることなく反対軸に移行し、両足ともバラ
ンス良く回れると理想的です

ジャンプでまたがない！
カラダを氷上から浮かせよう

練習のテーマ▶ フライング時に前傾しすぎないように意識！

なるべく遠くに
跳びすぎないのが
理想

カラダが
起き上がるとすぐに
キャメル姿勢に
移れない

1 スピードを落とさないように注意しながらスピンに入る

2 遠心力を活用して勢いよくカラダを回転させる

3 カラダを前傾させすぎないように注意しながら跳び上がる

4 またぎジャンプにならないように力を抜いて全身を氷上から浮かせる

まずは正しいフライング姿勢を身につける

フライングキャメルでは、まず理想的なフライング姿勢が取れているかを確認しましょう。恐る恐る跳び上がるあまりカラダが前傾してしまったり、反対に起き上がりすぎてしまうと、スムーズにキャメル姿勢を取ることができません。また、初心者の方は、フライングがまたぎジャンプになってしまうことがよくあります。真上に跳び上がって必ずカラダを氷上から浮かせるようにしましょう。

左足を
高い位置へ
しっかりと
持ち上げる

5 片足で着氷する。ここでバランスを崩さないように注意する

6 すぐさまキャメル姿勢に移行して回転を続ける

7 お尻よりも足の位置が下がったり、頭が上がらないように注意

グッと良くなる！
フライングキャメルスピン 上達のポイント

コレだけは
おさえましょう♪

1

2

Check!

前傾になりすぎない

Check!

遠くに跳びすぎないように

中野友加里's
アドバイス

カラダは前傾させすぎたり後傾させすぎず、
踏み切る軸足を外側に傾けて、ふわりと跳び
上がりましょう。跳び上がる前に力むとスム
ーズにキャメル姿勢が取れません

1

またぎジャンプに
ならないように

Check!

2

3

フライング姿勢で
減点されない
ように！

中野友加里's
アドバイス

跳び上がるときは、あまり遠くに
は跳び出さず近い位置で跳ぶと良
いでしょう。フライング姿勢から
無駄なくキャメル姿勢に移行でき
ると回転速度も上がります

4

Check!

カラダを氷上から
浮かせないとダメ

倒したエッジをやや前に出す
イメージで回転する

練習のテーマ ▶ 難易度の高いキャメルスピンのバリエーションにトライ

アウトサイドキャメル

軸が取れたら
アウトサイドに
移行しはじめる

Check!

1

2

インサイドキャメル

軸が取れたら
インサイドに
移行しはじめる

Check!

1

2

中野友加里's
アドバイス

アウト・インともに難易度の高いバリエーションなので、やりやすい方から挑戦してみましょう。エッジを倒しすぎると安定感が落ちて失速しやすいので倒しすぎに注意！

左足のエッジをやや前に
出すイメージで

Check!

3

4

5

右足のエッジを
少し前に出す
イメージ

Check!

やや前傾すると
バランスを取りやすい

Check!

3

4

5

無駄のない動きで
スムーズにカラダを起こす

練習のテーマ ▶ 効率の良いポジションの取り方をチェックしよう

左手の
位置は自由
美しく見える
位置へ

左ヒザの曲げはじめに
合わせてエッジをつかむ

　キャメル姿勢から左ヒザを曲げはじめるのと同時に、右手でエッジのカカト部分をつかみ、上半身を起こしてキャッチフットの姿勢を取ります。このとき、できるだけ素早く足を引きつけましょう。効率の良い移行の仕方を身につけることで、回転速度が上がりやすくなります。左手の位置は自由なので、音楽に合わせて胸にそえたり、ヒザに置いたり、自分なりに美しく見える形を研究しましょう。

Check!
ヒザを曲げはじめるのと
同時にエッジをつかみにいく

1

2

3

Check!
上半身を起こして
キャッチフットの姿勢へ

Check!
足は頭よりも
高い位置へ

4

5

6

中野友加里's
アドバイス

エッジを持つ位置は自由です。ジェイソン・ブラウン選手のように左手でエッジをつかむ選手もいます。自分に合った方法を探してみるのも良いでしょう

背中とお腹の筋肉を使って
バランスを取る

練習のテーマ ▶ バランスを維持できる開き方を研究してみよう

回転速度を
維持できる
形を見つけよう

自分が転ばない限界まで
カラダを開く

　キャメルスピンのバリエーション
で、カラダをひねってサイドウェイ
ズ姿勢になるスピンです。上を向く
ほど美しく見えますが、筋力が足り
ないと転倒してしまいます。練習の
中で、回転速度と見栄えの良さのど
ちらも維持できる姿勢を見つけまし
ょう。また、この姿勢を維持するた
めには、見た目以上に背中、お腹
（側筋）、お尻の筋肉が必要です。
筋力に自信がある方は是非チャレン
ジして欲しいと思います。

1

Check!
右足軸に力を入れてひねりはじめる

2

3

Check!
右足の軸と付け根が
ブレないように注意

4

Check!
上を向いたら
カラダを動かさず
リラックスして回る

5

中野友加里's
アドバイス

キム・ヨナ選手のサイドウェイズは
印象的でしたよね。実は多くの筋力
を使うスピンなんです。慣れてきた
ら背中を氷面に預けるイメージで回
ってみましょう

キャメル姿勢を維持しながら
足を頭に引きつける

練習のテーマ▶ 上から見たときにドーナツの形に見えるように！

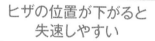
背中と
肩まわりの
筋力と柔軟性が
必要

ヒザの位置が下がると
失速しやすい

　ドーナツスピンでは、キャメル姿勢での左ヒザの位置を変えずに、そのまま足を曲げて右手で頭に引きつけることがポイントです。このとき、ヒザの位置がお尻よりも落ちてしまいがちなので注意が必要です。減点こそありませんが失速しやすく、見た目の良さも劣ってしまいます。左ヒザを曲げはじめるのと同時に右手でエッジ全体を思い切りつかんで頭に引きつけたら、なるべくコンパクトに丸くなりましょう。

ヒザをなるべく下げない

Check!

Check!

左ヒザを曲げはじめるのと
同時に右手でつかみにいく

エッジを思い切り
頭に引きつける

Check!

中野友加里's
アドバイス

上から見たときにドーナツの形に見
えることが理想。コンパクトな姿勢
になるので、エッジの乗り位置を変
えれば加速することも可能です

コンビネーションスピンで大切なポイント

コンビネーションスピンを得意にするために

バランス

一つひとつのポジションが明確に取れているか、組み合わせのバランスがトータルで良いかをよく見られている

足換え

足換えのタイミングは、もっとも失速しやすい。減速することなく、それぞれのスピンへつなげる必要がある

回転軸の維持

コンビネーションスピンでは、長い時間、回転し続けなければならないので、緊張感を失うと回転軸がブレやすい

トータルのバランスを意識。集大成にふさわしい見栄えで

　シニア及びジュニアでのSPの課題のコンビネーションスピンでは、「アップライトスピン」「シットスピン」「キャメルスピン」のうち2つを含み、かつ足換えも1回行なわなければなりません。そのため多くの選手が3つのスピンを組み合わせて行ないます。どのスピンであっても、丁寧に美しいポジションを取ることを心がけましょう。また、ジャッジも全体のバランスの良さをよく見ています。トータルのバランスが美しければ美しいほど、高く評価されると思います。足換えが入るコンビネーションスピンでは、足を換えるタイミングで失速しやすいので注意しましょう。また、コンビネーションスピンの途中で緊張感を失うと回転軸がズレてしまいがちです。最後まで気を抜くことはできません。もし演技構成の終盤に行なうのであれば、もっとも盛り上がるポイントとなるので、そのボルテージに見合った集大成のようなスピンであってほしいと思います。音楽の盛り上がりとともに見栄えの良いものを完成させれば、よりプラスにつながるでしょう。

ベーシックな
コンビネーションスピンに挑戦

練習のテーマ➤ それぞれのポジションを明確に取れるようになろう

キャメルスピン

左足軸でフライング

1　2　3

キャッチフットスピン

キャメルスピン

7　8　9

中野友加里's
アドバイス

ベーシックでありながら、要所にレベルアップにつながるポイントがあり、レベルの高いコンビネーションスピンです。それぞれのスピンで回転軸がズレないように心がけましょう

Check! フライングでレベルアップにつながる

シットスピンでスピードアップ Check!

シットスピンのサイドウェイズ

4

5

6

軸がズレないように注意

トンプソン

Check!

Check!

回転軸を一度細くして
勢いをつける

10

11

12

右足軸から入る
コンビネーションスピン

練習のテーマ ▶ やや難易度の高いコンビネーションスピンに挑戦

右足キャメルスピン

シットスピンサイドウェイズ姿勢

Check!

1

2

3

左足で加速するときは
足を引きずらないように

左足に踏み換えるタイミングで加速

Check!

Check!

7

8

なるべく右足軸と
同じ場所で足を換える

ここでは右足軸から入るコンビネーションスピンを紹介しています。足換えが難しいため、左足に踏み換えるタイミングで勢いをつけることが大切です

トンプソン

Check!

4

5

6

カラダの中心に
力を集めて足換えへ

キャノンボール

アップライトスピン

パンケーキ

9

10

11

はじめは1回転からスタート
理想的な姿勢を取れるように

練習のテーマ ▶ 効率よくスピンを上達させるための練習法を知ろう

まずはポジションを
取ることから

OK

最初はたくさん回れなくても、理想的な姿勢で1回、回転できればOK。そこから少しずつ回転数を増やそう

基本スピンで
悪いクセをつけない

NG

基本の3つのスピンがうまくできないと、その後すべてのスピンに影響するといっても過言ではない。悪癖をつけないように

まずは正しい姿勢を取れることが大切

　初心者の方であれば、回らずにポジションを取る動作からはじめ、その後、1回転、2回転と回ってみると良いでしょう。まずは回転数を増やすことより、理想的なポジションを取れるようになるのが大切です。

そこから徐々に回転数を増やし、テストや規定で決められた数で回れるように練習を積み重ねます。また、自分で数えているよりも1〜2回多めに回れるようになることを目指しましょう。

1日の練習の中で
全体の1〜2割はスピンに充てる

練習のテーマ▶ スピンを得意にするための練習配分を考えよう

スピン練習のポイント

・練習時間は毎日設ける
・全体の1〜2割をスピン練習の時間に
・難易度の高いスピンよりも回転速度を上げる練習に挑戦

スピンを得意にしたいなら

スピンの練習はジャンプや他の練習に比べて、長時間続けるのが難しいもの。短時間で効率よく練習しましょう

スピン練習に重きを置かないなら

どうしてもおざなりになりがちなスピン練習。ですが回転速度を上げるためには、毎日継続して練習することが大切

継続して練習することが上達への近道

　スピンはどうしても練習が後回しになりがちですが、毎日決まった練習時間を設けることが上達につながります。短時間で構わないので、全体の練習のうち1〜2割（15分〜20分）はスピンを練習する時間とする

と良いでしょう。また、初・中級者がステップアップを目指す上では、難しいバリエーションの練習を行なうより、簡単なポジションでも美しさにつながる回転速度を上げる練習から行なうことをおすすめします。

教えて！ 中野先生

Question

「今日は調子が悪いな…」
そんなときはどうすればいい？

Answer

潔く止めましょう！
ダラダラ長時間やるのはダメ

「イマイチ調子が乗らない、うまくいかない」という日は、どんな選手にもあります。スピン練習が捗らないときは、潔く止めて他の技術練習を行なう方が良いでしょう。スピンの練習は長時間続けられるものではありません。目が回りますし、気持ち悪くもなりますよね。ですので、うまくいかないと感じたら一度区切ってジャンプやステップなどの技術練習を行ない、時間を空けてから再開することをおすすめします。考え方を変えれば、スピンは練習のあまった時間など、限られた練習スペースでもコンパクトに練習できる特徴があります。カラダに必要以上に負担をかけないよう、短時間で効率よく練習することが継続のコツです。

Part 4
柔軟性を高めるストレッチ

美しいスピンを目指すには
柔軟性の向上が大切

練習のテーマ ▶ ストレッチを行なう上でのポイントを学ぼう

フィギュアスケーターが柔軟性を高めたい部位

①肩まわり	エッジをつかんだり、足を持ち上げたりと上半身の柔軟性も疎かにはできない。優雅さやしなやかさにもつながる
②背中	背中の筋肉が硬いとカラダを反らせるバリエーションスピンで苦労しがち。ブリッジなどのストレッチに挑戦しよう
③体幹	体幹がしっかり整っていないと、速いスピードでスピンをまわることができない。柔軟性とあわせて筋力も大事
④股関節	スピンの出来栄えにもっとも直結しやすいといえる股関節の柔軟性。前後・左右の開脚はあらゆるスピンで必要
⑤足首	シットスピンでは、足首が硬いとしっかり深くまで座ることができない。ケガ予防の面でも柔軟性を高めたい

日々の継続で必ず
柔軟性は向上する

　スピンを得意にするためには、カラダの柔軟性が必須です。とはいえ、カラダが柔らかい方ばかりでもないと思います。私も左右バランス良くはできなかったため、毎日柔軟ストレッチを行なっていました。ストレッチを続ければ柔軟性は必ず向上しますし、それが美しく見栄えの良いスピンにつながります。カラダが硬いからと諦めず、ストレッチはぜひ継続して取り組んでほしいと思います。

足を頭につけるスピンなどで
必要になる柔軟性を向上

練習のテーマ ▶ つま先までしっかり伸ばしてあらゆるスピンに活かす

1 長座の姿勢から
片足のヒザを曲げる

足の裏を太ももにつける ─── Check!

2 上半身を
前屈させる

3 反対側の
足のヒザを曲げる

Check! ─── 足首も伸ばして行なう

4 ヒザに頭が
つくように前屈する

目安回数	10秒ずつ 左右交互に2回
ココを 伸ばす	股関節 足首 太ももの裏
このスピンに 活きる	シット系のスピン A字（フォワード）スピン トンプソンスピン

シットスピンの
フリーレッグも美しく
できるようになる

どんなスピンのポジションにも活きる
足まわりと肩まわりをゆるめる

練習のテーマ ▶ 痛めない角度からスタート。徐々にステップアップしよう

1 両足を180°
開脚させる

2 右手をカラダの
左側へ伸ばす

3 左手で右足の
つま先をつかむ

Check!

耳と足がくっつくまで
カラダを倒す

4 反対側も
同様に行なう

目安回数	10秒ずつ 左右交互に2回
ココを 伸ばす	股関節　ワキ腹 太もも　肩まわり
このスピンに 活きる	I字・Y字スピン サイドウェイズ系 キャメル系

キャメルスピンで
足が上がらない人は
このストレッチ！

毎日行なって柔軟性を維持すれば バリエーションが増える

練習のテーマ ▶ はじめは無理のない範囲で。180°開脚を目指そう

1 両足を180° 開脚させる

2 カラダの前へ 上半身を倒す

Check! ─ 胸とアゴを床に ぴったりとつける

目安回数	姿勢を取ったまま 10秒キープ
ココを 伸ばす	股関節 肩まわり 太もも
このスピンに 活きる	ビールマンスピン I字・Y字スピン

毎日の継続が大切！ やめるとすぐに 硬くなってしまいます

見栄えアップを求めるなら
両足ともにできるのが理想

練習のテーマ ► ステップやスパイラルにも活きる柔軟性を高める

1 両足を前後に開いて立つ

2 前後に開脚する

3 上半身を左右にひねる

4 頭と足がくっつくようにカラダを倒す

5 カラダを左右にずらす

Check!

目安回数	姿勢を取ったまま 10秒キープ
ココを 伸ばす	股関節 ワキ腹 太もも
このスピンに 活きる	I字・Y字スピン ドーナツスピン サイドウェイズ系 イリュージョン

股関節の可動域を広げる意識で

股関節を
痛めないように
無理のない範囲で！

カラダを反らせるスピンで
必須の柔軟性をアップ

練習のテーマ ▶ 背中の柔軟性を高めればポジションが取りやすくなる

1 背筋を
伸ばして立つ

2 両手を上に伸ばして
カラダを反る

ゆっくりと後方へカラダを倒す

Check!

3 ブリッジの
姿勢を取る

目安回数	姿勢を取ったまま 5秒キープ
ココを 伸ばす	背中 太もも 肩まわり
このスピンに 活きる	レイバックスピン ドーナツスピン キャッチフットスピン ビールマンスピン

できない人は
手と足の距離を離したり
壁に手をついても
OK

EASY

おわりに

　スピンの練習をはじめてすぐは、上手くできずに苦労することも多いと思います。私も柔軟性が足りずに、当時通っていたバレエ教室で徹底的に柔軟体操をやりました。嫌いなものを長く練習するのはとても難しいですよね。だからまずは、スピンを好きになってほしいと思います。私もはじめは、

バックスクラッチ、アップライトのクロススピンを磨くことからはじめました。それから、いかに回転速度を上げられるか、速く回れる乗り位置はどこなのかを探し続ける日々でした。これは引退するまで毎日欠かさずやっていたことです。

　スピンは練習を繰り返した分だけ、あな

たの味方に、武器に、強みになってくれます。これまでスピンの練習に真面目に取り組んでこなかったなという人も、これをきっかけに、ぜひ一度この「スピン」と、しっかり向き合ってみてほしいと思います。

トップクラスの
技術をチェック

本書の動画を一気に見たいなら！
コチラのQRコードをチェック

https://youtu.be/U0WACzKMxmA

STAFF
● 編集・取材・構成・映像／株式会社多聞堂
● 写真撮影／勝又寛晃
● デザイン／田中図案室
● 取材協力／アスリートマーケティング
● 撮影協力／KOSÉ新横浜スケートセンター

フィギュアスケート スピン完全レッスン
動画で技術と魅せ方に差がつく

2021年11月30日　　第1版・第1刷発行

監修者　中野　友加里　（なかの　ゆかり）
協　力　今井　遥　　　（いまい　はるか）
発行者　株式会社メイツユニバーサルコンテンツ
　　　　代表者　三渡　治
　　　　〒102-0093 東京都千代田区平河町一丁目1-8
印　刷　三松堂株式会社

©多聞堂,2021.ISBN978-4-7804-2550-5 C2075 Printed in Japan.

ご意見・ご感想はホームページから承っております。
ウェブサイト　https://www.mates-publishing.co.jp/

編集長：堀明研斗　企画担当：堀明研斗